I0102280

RETOURNEZ D'OÙ VOUS VENEZ

Rendons les Américains Grands de Nouveau

BEN WOOD JOHNSON

TESKO

TESKO PUBLISHING
Pennsylvanie

Retournez d'où Vous Venez !

Rendons les Américains Grands de Nouveau

Ben Wood Johnson

Les Chroniques d'un Immigrant

TESKO

TESKO PUBLISHING
Pennsylvanie

Tesko Publishing

Droits d'auteur © 2020. Ben Wood Johnson

Ce livre est publié en français, anglais et espagnol. La version française est conforme à la nouvelle orthographe.

Tous droits réservés, y compris le droit de reproduire ce livre ou des parties de celui-ci de quelque manière que ce soit sans l'autorisation appropriée. La vente [ou le téléchargement] de ce livre sans sa couverture originale est non autorisée. Si vous avez acheté ce livre sans couverture ou sans les crédits appropriés à son auteur, vous devriez savoir qu'une telle copie a été obtenue illégalement. Ni l'auteur ni l'éditeur n'ont reçu de paiement pour la vente de ce livre s'il est dénué de sa couverture ou de crédits à l'auteur.

Si vous souhaitez en savoir plus sur Tesko Publishing, veuillez contacter My Eduka Solutions à l'adresse suivante : 330 W. Main St # 214, Middletown, PA 17057, USA

Tous droits d'adaptation, de traduction et de reproduction sont réservés pour tous les pays.

ISBN -13 : 978-1-948600-25-5
ISBN-10 : 1-948600-25-0

Première publication imprimée en aout 2020 (Imprimé aux États-Unis)

Traduit/Édité par Ben Wood Johnson

Format : Livre de Poche (Paperback)

Disponible aussi en livre électronique format

Couverture photo et design droits d'auteur © 2020 Wood Oliver.
www.teskopublishing.com

À mes enfants

TABLE DES MATIÈRES

PRÉFACE

CE LIVRE FAIT PARTIE d'une collection de courts essais, que j'ai récemment compilés sur les États-Unis. Dans celui-ci, je relate mes appréhensions sur la croissance d'une antipathie sans pareille dans ce pays. J'argumente que la montée de la haine en Amérique est un problème majeur.

Je dois admettre que j'avais complété ce livre depuis le mois de septembre 2019. Toutefois, j'avais peur de le publier. Je craignais des représailles contre ma femme et mes enfants.

En mai 2020, quelque chose de surprenant est arrivé aux États-Unis. C'était la mort de George Floyd par la police de Minneapolis. J'ai vu le pays tout entier s'unir pour demander justice pour monsieur George. J'ai vu aussi les gens de toutes les couches sociales s'unir pour exiger la justice pour, non seulement monsieur Floyd, mais aussi pour les Afro-Américains en général. C'est alors que j'ai trouvé le courage pour publier ce titre.

Ce travail ne s'accentue pas sur le racisme dans son ensemble. Par contre, à travers cette formulation littéraire, j'examine la nature des sentiments anti-immigration dans cette partie du monde. Je reflète sur mes propres maux en Amérique. Il y a lieu de s'inquiéter.

Dans ce petit livre, je partage mon point de vue sur un moment scandaleux dans l'histoire américaine. Mais ce moment, j'insiste ici, nous donne une idée de la réalité du milieu social américain. Ce moment, de la même sorte, reflète le niveau de haine qui semble s'étendre dans le paysage américain.

Ce travail n'est pas exhaustif. Il n'est pas non plus une tentative d'exprimer mon propre dédain à l'égard de l'Amérique. Ce n'est pas un moyen de calomnier le peuple américain. Plutôt, c'est une façon de partager mon point de vue sur l'État des États-Unis.

Bien sûr, je m'aventure en terrains inconnus. Il n'est jamais une bonne idée de critiquer l'Amérique. Il n'est jamais prudent de condamner les Américains, surtout lorsqu'ils se livrent à des actes moralement discutables. Il n'est pas toujours sage de rejeter l'Amérique pour ses agissements soit au niveau domestique ou à l'étranger.

Certains ont beaucoup souffert pour avoir critiqué l'Amérique pour ses exactions. J'espère que ce travail ne me cause pas de détresse personnelle, car ce n'est pas mon intention de ternir la réputation de l'Amérique d'une façon ou d'une autre.

J'espère que ce livre ne scelle pas mon malheur en Amérique. J'espère qu'il n'offre pas à certaines personnes un motif pour persécuter ma famille ou moi.

Il vaut la peine de le redire. Je ne suis pas un antiaméricain. Je n'ai rien contre l'Amérique. Je n'ai pas de rancune contre le peuple américain dans son ensemble. J'espère que les opinions exprimées ici ne vont inciter aucune forme de haine contre moi.

Permettez-moi d'insister que même si vous ne partagiez pas mon point de vue, j'y ai droit. Même quand vous pourriez ne pas être en accord avec moi, j'ai le droit de dire ce que je pense. J'ai le droit de me plaindre. J'ai le droit de faire écho des difficultés dont j'ai été victimaire sur le continent américain.

De toute façon, je vous encourage à lire ce titre avec un esprit ouvert. Je vous encourage également à lire le texte en entier. De la sorte, vous pourriez donner un sens précis à mes critiques.

L'Amérique est dans une phase difficile. Les familles d'immigrées souffrent beaucoup. Quelqu'un doit avoir le courage de dire ce qu'il en est, et ceci la façon dont il ou elle le perçoit. Dans les six prochains chapitres, je vais essayer de faire précisément cela.

Bonne lecture !
Ben Wood Johnson, Ph.D.
Janvier 2020/É.-U.A.

Mis à jour en juin 2020

CHAPITRE I

Retournez chez vous

Au cours de l'été de 2019, le quarante-cinquième président américain, Monsieur Donald J. Trump, avait fait une déclaration publique. Mais celle-ci était très controversée. Il y avait un rejet de ses dires, lesquels certains voyaient comme une attaque misogyne ou peut-être une attaque xénophobe contre les immigrants.

Sur une plateforme de l'un des médias sociaux (connu sous le nom de Twitter), monsieur Trump avait instamment demandé à quatre membres du Congrès des États-Unis, qui sont des femmes de couleur, de "retourner dans leur pays d'origine infesté de crimes." Il s'est avéré que ces femmes sont des[1] citoyens américains, et ceci même quand pas toutes d'entre elles ont grandi dans le pays.[2]

---

[1] Trump a demandé aux femmes de couleur de quitter l'Amérique. Katie Rogers et Nicholas Fandos, « Trump Tells Congresswomen to 'Go Back' to the Countries They Came From », *The New York Times*, 14 juillet 2019, sect. U.S., https://www.nytimes.com/2019/07/14/us/politics/trump-twitter-squad-congress.html; BBC News, « Trump to Congresswomen of Colour: Leave the US », *BBC News*, 15 juillet 2019, sect. US & Canada, https://www.bbc.com/news/world-us-canada-48982172.

[2] Toutes ces femmes, sauf de Rep. Ilhan Omar, D-Minn, est née aux États-Unis. En savoir plus ici. Bobby Allyn, « Congresswomen Denounce Trump Tweets Telling Them To "Go Back" To Their Home Countries », NPR.org,

Toutes, sauf l'une des femmes que monsieur Trump a dites de "retourner chez elles", sont nées aux États-Unis. Certes, ces femmes sont peut-être issues de l'immigration. Mais elles sont des citoyennes américaines à part entière.

Dans des circonstances normales, n'importe qui devrait réprimander la remarque du président. Mais ce n'est pas ce qui est arrivé. En fait, certaines des voix les plus éminentes dans la société américaine avaient défendu le président.

C'était tellement embarrassant de voir des hommes et des femmes prendre la défense d'un comportement puéril, tout simplement parce qu'ils ne sont pas assez homme ou femme pour s'opposer à la nature haussière du président des États-Unis. Cela nous

---

consulté le 21 mars 2020,
https://www.npr.org/2019/07/14/741630889/congresswomen
-denounce-trump-tweets-telling-them-to-go-back-to-their-
home-countr.

---

donne certainement une idée de leur caractère morale.

En tout cas, le débat est centré sur deux questions. La première est de savoir si la remarque du président est raciste.

Il n'y a pas de doute à ce sujet. La remarque du président est raciste dans son ensemble. Le président l'avait lancé très certainement avec des intentions racistes.

Monsieur Trump n'essayait pas de complimenter les quatre femmes. Il n'avait pas accidentellement fait le mauvais usage de certaines épithètes pour décrire leurs racines culturelles. Le président voulait rabaisser le quatuor. Il avait fait exactement cela. Il n'y a pas d'excuses possibles à ce sujet.

La deuxième question est de savoir si les femmes ont le droit de critiquer leur pays [l'Amérique], notamment, le gouvernement dont elles font partie. En ce sens, d'autres personnes se demandaient avec stupéfaction si ces quatre femmes de couleur avaient le droit de critiquer le gouvernement américain, pendant qu'elles servent dans le Congrès des États-Unis. Pour moi, la réponse était évidente. En leur qualité comme des élus dans des fonctions publiques, elles sont censées critiquer le gouvernement américain.

Ces quatre femmes sont censées inciter leur gouvernement à mieux travailler pour leurs électeurs, et non pas seulement pour un groupe. Ces membres du congrès sont censées rappeler au gouvernement que celui-ci est là pour travailler pour tous les Américains et non pas pour ceux-là qui sont certains qu'ils ont le droit aux fruits de la terre et n'importe autre personne est dans le pays à cause de leur tolérance. Si le *Quatuor* n'avait pas tenu le gouvernement responsable de ses exactions, elles n'auraient pas exercé leurs fonctions.

Il y a une réalité en Amérique, qui ne cesse de rentrer dans la psychose des

Américains, et ceci de plus en plus. Cela, je dirais, c'est le racisme. Ce fléau devient un véritable problème dans cette partie du monde. Nier son existence est aussi dommageable que de l'accepter. Il y a autre chose à signaler.

Je ne sais pas si vous avez remarqué quelque chose de bizarre à propos de l'Amérique ces derniers temps. La haine est la nouvelle fierté de plusieurs Américains. Les gens sont fiers de pratiquer de l'antipathie à l'égard de l'un contre l'autre. Pour ainsi dire, la malveillance est *à la mode* en Amérique.

La montée de la haine dans la société américaine n'est pas une question politique. Ce n'est pas un problème idéologique. Ce n'est même pas une question individuelle. D'une façon ou d'une autre, nous sommes tous des envieux. Toutefois, la haine est un problème lorsqu'elle est pratiquée ou même lorsqu'elle est tolérée au plus haut niveau de la société. Il est encore plus alarmant quand la haine devient l'affaire de l'État.

Eh bien, c'est précisément ce que le gouvernement américain est devenu. La haine est l'essence du milieu social américain et ceci au cours des dernières années. En conséquence, les familles d'immigrants sont toujours au centre du débat.

Le conflit fait rage quant à la mesure dans laquelle les Américains pensent qu'ils ont le droit de protéger leurs frontières, même s'ils doivent le faire au détriment de l'humanité de ceux qui cherchent à immigrer dans le pays et ceci par tous les moyens nécessaires. Certains diraient que oui. L'Amérique a un droit d'exclure les autres.

Ici, je ne vais pas débattre ce droit. Je ne vais faire aucune gesticulation sur une idée assez audacieuse comme ça. Je ne vais pas examiner non plus le droit de faire du mal à des autres. Ce serait de mauvaise foi de ma part si je le faisais ainsi.

D'autres observateurs, peut-être des gens qui sont animés de beaucoup plus d'humanisme, diraient que les Américains n'ont pas le droit d'être de cette façon. C'est-à-dire, l'Amérique ne doit pas devenir un lieu où l'intolérance fait rage. Je serais en accord avec ce point de vue.

Je dois tout de même signaler que la notion d'octroyer [ou de refuser] les immigrants à s'établir en Amérique est un faux débat. Il y a toujours un besoin des immigrants en Amérique. En fait, l'Amérique a été construite par des immigrés venus d'un peu partout à travers le monde.

Dirais-je, l'Amérique est un pays d'immigrants. C'est peut-être un cliché de le dire comme ça. Mais ce serait aussi une preuve d'une ignorance inégalée de ma part si je le disais autrement. Pour ainsi dire, autant d'Américains semblent avoir oublié comment ils sont venus ici (ou comment leurs parents, selon la façon dont vous le regardez) sont venus en Amérique.

Vous dehors là qui semblez penser que seulement vous avez droit à cette terre, je recommande une promenade dans les couloirs de l'histoire. Que feriez-vous si les habitants d'origine de cette terre [dérobée] ou les gens qui vivaient sur le continent américain tout entier, je veux dire, les Amérindiens [ou Indiens, en fonction de la manière dont vous voulez les décrire] avaient les moyens, le désir ou le pouvoir de chasser les Européens qui s'étaient installés sur leurs terres. Pourrions-nous parler de l'Amérique aujourd'hui ? Je vous laisse le soin de méditer sur cette question.

Je suppose que les immigrants ne sont pas une menace pour l'Amérique. Je dirais plutôt que les immigrants représentent l'essence de l'Amérique. Ainsi, ceux qui sont en quête d'une meilleure vie en Amérique, pour ainsi dire, les immigrants, ne peuvent pas, à aucun moment, je dirais, détruire l'Amérique, et ceci en aucun cas, en aucune façon ou sous aucune forme.

Contrairement à l'affirmation de monsieur Trump, les immigrés, notamment ceux-là qui sont arrivés à la frontière sud du pays, ne sont pas des violeurs. Ils ne sont pas des criminels. Ils ne sont pas des membres de gang ; ils ne sont pas des gangsters.

Votre pays d'origine ne suffit pas pour faire de vous un être dépravé. Votre statut d'immigration ne peut pas vous dépouiller de votre humanité. Prétendre le contraire pour acculer les autres est tout simplement malveillant.

CHAPITRE II

UNE HISTOIRE D'IMMIGRATION

L'Amérique a une longue histoire d'immigration. Comme je l'ai évoqué antérieurement, le pays a été bâti par des immigrants. À ce jour, l'épicentre économique américain s'appuie sur la main-d'œuvre des immigrants. Ainsi, l'idée que les immigrants créent plus de problèmes qu'ils aident à résoudre est ridicule.

Je dois dire aussi que la haine que beaucoup de gens ressentent pour les immigrants n'est pas un phénomène nouveau. Même l'histoire américaine est remplie de cas où des immigrants ont été mal traités ici ou là. Qu'il soit clair, néanmoins, ce travail ne s'accentue pas sur la réalité de l'immigration. Il ne s'agit pas non plus de déceler la notion de la haine en soi.

Comme je l'ai dit plutôt, il y a une réalité en Amérique. Celle-ci devient de plus en plus alarmante. Les immigrants sont déshumanisés au point où je ne suis pas certain que ceux-là qui prennent part à l'avilissement d'un autre être humain comprennent l'impact de leur action sur l'espèce humaine dans son ensemble.

L'idée de dire aux immigrants (ou même ceux qui sont considérés comme des immigrés) de retourner d'où ils viennent est de nature xénophobe. Mais c'est une insulte qui a un contour historique. Cette invective est vieille de nombreuses années. Ce sentiment de refus, je dois avouer, est l'essence même de l'exclusion sociale qui caractérise le paysage américain surtout ces jours-ci. Je sais de quoi je parle lorsque je dis ça. Je parle à partir de ma propre expérience.

Je vis en Amérique depuis belle lurette. Je suis ici un peu plus de la moitié de ma vie. Quand je suis arrivée dans ce pays, j'étais au début de mes vingtaines. Maintenant, je suis presque au milieu de mes quarantaines. Mais j'ai l'impression que je viens tout juste d'arriver. En fait, on m'a traité d'une manière que je n'aurais jamais pu imaginer si je n'avais jamais mis les pieds en Amérique.

Même si je suis un citoyen américain sur un morceau de papier, je n'ai jamais vraiment eu ce sentiment dans le cœur. Mais ce n'est pas parce que je n'ai jamais voulu me sentir de cette façon. Après tout, je n'étais pas forcé de devenir un citoyen américain. Cette décision était motivée par un désir d'appartenance. Toutefois, je sais que dans le monde réel, on ne me considère pas comme un Américain. Je ne me fais pas d'illusions à ce sujet. Mais quelle déception pour moi !

Je voulais tant être un Américain. Je voulais jouir de tous mes droits civils et politiques, et ceci à l'instar de mes compatriotes américains. Quelque part, cependant, ma nationalité américaine a peu de valeur intrinsèque. Mon *Américanité* a été rétrogradée. Ma citoyenneté n'a pas la même valeur que celle des autres américains.

Ici, je n'ai jamais été traité comme un fils. Dans ce pays, je n'ai jamais été traité comme un frère. Dans ce lieu, je n'ai jamais été traité comme un cousin. Dans ce coin du monde, je n'ai jamais été traité comme un parent. Dans ce voisinage, je n'ai jamais été traité comme un voisin. Dans cet endroit miséreux, je n'ai jamais été traité comme un ami. Mais que pouvais-je faire ?

Je suis un étranger sur le continent américain. Je n'ai jamais été traité comme si j'appartenais ou comme si je pouvais appartenir au milieu américain. En conséquence, je me suis retiré de la vie du milieu.

Dans la ville où j'habite, je n'assiste pas à des rassemblements publics ou d'autres activités gouvernementales. J'ai été tagué par la police locale. Ils ont tout fait pour m'humilier. J'ai reçu leur message. Je comprends ma place dans le voisinage. Je me suis tu. Je me suis retenu.

Comme moyen pour éviter des humiliations à caractères racistes, je maintiens ma distance dans la zone. Comme une façon de me protéger, je me suis abstenu. Je ne prends pas part dans les activités de la communauté.

De nombreux membres de la communauté ont tout fait pour me porter à comprendre qu'ils ne veulent pas de moi. Je me suis retiré du milieu, tout au moins, je l'ai fait de manière symbolique. On pourrait dire que tout a fonctionné pour moi, car je suis isolé. Toutefois, je garde mon silence.

Je me suis abstenue de ne pas prendre part à la politique du pays. Jusqu'en 2019, je ne vote pas en Amérique. La dernière fois que j'étais intéressé par la politique était en 2008. C'était au cours de l'élection de Barack Obama. Je voulais voter pour monsieur Obama. Malheureusement, cette année, j'avais également vécu quelques-uns des pires moments de ma vie.

Je ne sais pas pour vous. Mais l'élection d'Obama était une malédiction pour ma famille. Sa présidence avait fourni des justifications à des gens à propension raciste dans ma communauté de s'en prendre à moi et à ma famille pour tout et pour rien. Pendant la présidence de monsieur Obama, la haine que beaucoup de mes voisins pressentaient pour l'homme, pas nécessairement pour le président lui-même, était palpable.

Pendant ce temps, je voyais une tendance alarmante dans la psychose du peuple américain. Il y avait un sentiment de haine qui grandissait contre le président Obama. Cette haine était flagrante. Pour la plupart, ce dédain était motivé par le racisme. Je savais que les choses allaient empirer avant de s'améliorer. En effet, les choses se sont aggravées, tout au moins c'est le cas depuis l'élection de monsieur Donald Trump.

Depuis 2008, j'ai vécu un niveau d'exclusion en Amérique qui défraie la chronique. Ce sentiment de rejet m'accapare et m'enfonce dans un trou noir. Il n'est même pas logique. C'est comme si je vivais dans un rêve abstrus.

Si ce n'était pas du fait que j'avais grandi dans un pays pauvre, je ne sais pas comment je serais en mesure de résister. Si ce n'était pas du fait que je suis habitué à des difficultés, je ne sais pas combien de temps j'aurais pu résister au mépris et à l'humiliation, dont je suis forcé de vivre jusqu'à ce jour. Parfois, je pense que je suis maudit en Amérique.

CHAPITRE III

ÊTRE MAUDIT EN AMÉRIQUE

Quelle serait la raison pour laquelle je pourrais être maudit en Amérique, vous pourriez me demander. Je ne saurais quoi vous répondre. Seulement, j'ai l'impression que la couleur de ma peau ou ma noirceur est un problème majeur. J'ai aussi l'impression que mon statut d'immigrant joue un rôle dans mon malheur dans le pays.

Actuellement, pour le redire, je suis en train de vivre un niveau d'exclusion sociale qui ne fait aucun sens, peut-être seulement dans un rêve. Pourtant, je suis en train de vivre cette réalité atroce alors que je suis en éveil. Je suis témoin de ma misère alors que je suis à jeun, et ceci en plein jour.[3] Mais que puis-je faire ?

Même si je suis qualifié autant que de nombreux Américains le sont probablement, je suis obligé de me prostituer corps et âme pour trouver du travail. Je me rabaisse à tout bout de champ et dans tous les sens. Je m'agenouille par-devant tout le monde pour trouver l'occasion de me montrer digne d'un moyen pour subvenir aux besoins de ma famille. Pourtant, on me nie cette possibilité

---

[3] C'est une façon de dire que je suis conscient de ma situation.

à chaque recoin. C'est comme si mes titres universitaires, même si je leur ai obtenu dans deux des plus prestigieuses universités des États-Unis, sont sans valeur.

Dans ce pays où l'on fanfaronne le respect des droits de l'homme, je ne jouis pas de ces droits. Je ne comprends pas ce qui m'arrive. Je ne comprends pas pourquoi je n'ai aucun droit en Amérique. Je n'y comprends rien. Il n'y a pas de vie pour moi. Pourquoi est-ce le cas, je me demande ? Je ne connais pas la réponse pourtant.

Voilà ce que je sais. Je suis loin d'être une personne paresseuse. Je suis un travailleur acharné. J'aime labourer. Pour une raison quelconque, cependant, en Amérique, on me dit que je suis sans valeur.

Je suis sûr que mon statut d'immigrant a beaucoup à voir avec le fait que mes diplômes n'ont aucune valeur en Amérique. Je suis sûr que mon pays d'origine a beaucoup à voir avec le fait qu'on ne me donne pas la possibilité de vivre. On me traite avec du dédain à chaque instant.

Ce n'est pas cette Amérique que j'avais entendu parler lorsque j'étais petit. Je n'avais jamais su de cette Amérique. Je n'aurais pas immigré dans un tel milieu. Ce n'est pas le pays que j'attendais. Qu'est-ce qui est arrivé à l'Amérique ? Je ne le sais pas.

Ceci, c'est pour faire écho que je suis un immigrant dans mon corps et dans mon âme. Voyez-vous, je viens d'Haïti. Est-ce que cela voudrait dire que je n'ai aucune valeur intrinsèque ? Je vous laisse le soin de porter ce jugement.

Au cas où vous ne le sauriez pas, laissez-moi vous dire qu'Haïti est parmi les endroits les plus merveilleux dans la mer des Caraïbes. C'est la terre de l'histoire. C'est là où les hommes noirs avaient montré au monde que l'esclavage était inhumain.

Haïti est un endroit incroyable pour vivre. C'est une terre qui s'apparente au paradis.

La beauté d'Haïti est incomparable à de nombreuses régions d'Amérique. Haïti pourrait vous remplir de fascination à force de contempler sa beauté naturelle. La plupart des Américains le savent. Certains d'entre eux consacrent leur vie à la poursuite d'un morceau du rêve Haïtien.

Les Haïtiens sont parmi les plus belles âmes sur la planète. Nous sommes respectueux. Nous sommes généreux. Nous ne sommes pas des rancuniers. Nous sommes remplis d'humilité et de sagesse. Pourtant, nous sommes considérés comme des gens indignes. On nous maltraite partout où nous allons.

Pour la plupart des gens en Amérique, il me parait pénible de le dire ainsi, les Haïtiens sont des sans valeur. Pour eux, nous sommes comparables à des miettes de matières fécales. Les Haïtiens sont avilis non seulement en tant que peuples, mais aussi en tant qu'individus. Nous ne sommes pas désirées, et ceci partout où nous allons.

Bien sûr, certains Haïtiens, un peu présomptueux, si j'ose le dire, penseront qu'ils sont meilleurs que d'autres. Certains pourraient dire, « Je suis heureux en Amérique ». D'autres pourraient prétendre qu'ils n'ont jamais reçu de mauvais traitements en Amérique. Eh bien, je dirais, c'est bon pour eux.

Moi, je n'ai pas connu ce luxe. Beaucoup d'entre nous n'ont pas eu cette chance. Je ne pourrais être sur le même piédestal qu'avec eux. Ma réalité est beaucoup plus cruelle.

Toutefois, un fait est certain. Si vous venez d'Haïti [le pays de merde, comme monsieur Trump l'avait dit avec autant d'éloquence], vous êtes de la merde. En conséquence, vous allez surement connaitre le rejet. Vous allez surement recevoir un traitement infâme. Ce serait comme si vous étiez vraiment de la merde.

Si vous êtes Haïtiens et vous vous retrouvez en Amérique, vous avez perdu votre humanité. Si vous êtes un Haïtien en Amérique, vous n'êtes rien. C'est comme si vous n'aviez pas un être. C'est comme si vous n'étiez pas un être humain comme tout le monde.

Très certainement, vous pourriez peut-être être parmi ceux-là qui sont chanceux. Vous pourriez avoir de la chance pour gagner une vie décente. Mais pour la plupart, vous devez également le comprendre, vos frères et sœurs [haïtiens] n'ont pas cette chance.

En effet, les Haïtiens sont le néant en Amérique. Malheureusement, je suis en train de vivre cet état de néant tous les jours de ma vie. Croyez-moi ; ce n'est pas un état d'être agréable pour n'importe qui, et ceci, peu importe qu'il vienne d'Haïti, de Mexico, de Somalie, du Guatemala, du Honduras, ou de n'importe quel recoin.

Pour être clair, ce travail n'étale pas essentiellement sur la personnalité du président américain, en l'occurrence monsieur Donald Trump. Néanmoins, je dois tout de même signaler que ce monsieur a révélé l'état mental du peuple américain. Il a donc fait cette révélation à l'Amérique elle-même.

Il est compréhensible qu'autant d'Américains soient révoltés contre monsieur Trump. Il est néanmoins compréhensible aussi qu'autant d'Américains soutiennent le président Trump dans tous ses ébats à motivation raciale. À présent, monsieur Trump reflète le cœur de l'Amérique, et ceci avec tous ces bons et ces mauvais grains.

CHAPITRE IV

LA GRANDEUR DES AMÉRICAINS

L e slogan du siècle c'est de renouveler la grandeur des Américains dans le monde. Comme disent-ils en anglais : « Make America Great Again ». C'est la devise de Donald Trump.

La question que je me pose est la suivante : comment peut-on retrouver une grandeur perdue ? Est-il possible de retrouver une grandeur perdue ? Je ne saurais comment vous répondre.

Les Américains ont pour coutume de dire qu'ils sont un peuple de justice. Les Américains ont pour coutume d'affirmer que l'Amérique est un pays de liberté. Les Américains ont pour coutume de fanfaronner que l'Amérique est une société où la démocratie prédomine. Les Américains ont pour coutume de faire écho que l'Amérique est un pays de droits de la personne.

Pourtant, regardez la frontière sud du pays. Il y a un niveau d'atrocité sans pareille contre des gens qui essaient d'immigrer en Amérique. Je suis sûr que l'histoire condamnera tous ceux ou toutes celles qui sont impliquées dans le traitement inhumain des familles d'immigrés qui sont détenus contre leur propre gré là-bas.

Partout à travers le monde, on a peur de ce vautour frivole qui ne laisse rien sur son passage. Partout à travers le monde, on redoute le vandalisme culturel des Américains. Partout à travers le monde, on redoute l'aliénation sociale imposée par les Américains. Partout à travers le monde, on a peur de l'usurpation économique des Américains. Partout à travers le monde, on a peur de l'oncle Sam.

Les Américains veulent ce qu'ils veulent. Ils ne s'intéressent qu'à eux-mêmes. Ils se foutent pas mal de ce que veulent les autres. Comment peut-on être un grand peuple comme ça ? Je ne le sais pas.

Les Américains se croient les seuls héritiers du bon Dieu. Ils se considèrent un peuple choisi. Ils se consacrent comme un peuple béni. Ils se considèrent comme un peuple émanant d'une race d'hommes purs. Quelle sottise, mon Dieu.

Pour ainsi dire, tous, sauf les Américains, sont de châtier du paradis. Pour ainsi dire, tous, sauf les Américains, méritent leur sort sur cette terre vidée et maudite. Quelle absurdité d'apercevoir son monde à partir d'une telle lentille, dis-je parfois !

Les Américains ont pour coutume de dire qu'ils sont un peuple de bonne foi. Mais ça, c'est une propagande qui ne m'impressionne pas. Il y a une réalité sociale en Amérique que nul ne pourrait renier.

En effet, regardez le désespoir qui sévit dans les centres-villes, comme à Détroit, à Cleveland, à Dayton, à Hartford, et à Springfield, pour n'en nommer que quelques-uns. Regardez la pauvreté qui constitue la réalité de nombreuses familles américaines. Regardez les crimes et la dépravation qui imprègnent le milieu. Regardez l'immensité de l'inégalité sociale et de la malveillance économique qui constituent le pays. Regardez le niveau de corruption qui caractérise le gouvernement américain.

Ne me parle pas de l'Amérique. Ne me raconte pas des fables à propos de l'Amérique. Ne me raconte pas des blagues à propos de l'Amérique. Je connais l'Amérique de fond en comble.

Regardez l'Amérique dans son ensemble. Dites-moi ce que vous voyez. Voyiez-vous de la grandeur ? Si c'est ce que vous voyez, vous avez surement besoin de lunettes ou vous avez besoin des verres de contact.

Je suis désolé de le dire ; mais je ne peux pas voir de la grandeur en Amérique en ce moment, ou du moins pas dans ces conditions sordides. Je ne peux pas voir de la grandeur lorsque le président américain, dans ce cas, monsieur Donald Trump, est comme un grand-père irascible qui patauge dans un état de démence incomparable. Tout ce qui lui vient à l'esprit sort aussi de sa bouche comme si sa bouche était une *croupe* ou un *orifice* où il n'y a pas de mécanismes de filtrage [d'une passoire ou d'un sphincter] pour examiner ce qui dégage de celle-ci.

Je m'excuse pour cette vulgarité. Mais non, non, non… Je ne peux pas voir de la grandeur dans le comportement de ce monsieur. Je ne peux pas non plus décrire ses attitudes vicieuses d'une manière peu colorée. Si vous voyez de la grandeur dans ce dernier ou dans l'Amérique à présent, vous devriez réévaluer votre compréhension de ce que signifie le mot « grandeur », et ceci dans les couloirs de l'histoire de l'humanité.

Comme quelqu'un qui est né et élevé dans un pays, que de nombreux Américains considèrent comme en endroit de merde, je sais assez suffisamment de choses pour ne pas laisser ma bouche guider mes pensées. Je suis assez sage pour ne pas permettre ma couche prendre le contrôle de ma bouche. Je sais assez pour ne pas permettre mes émotions prendre le dessus sur mon cerveau.

Je ne suis pas un infâme ; je ne suis pas un homme indigne.

Oui, je ne suis pas un intellectuel de la trempe de ceux qui ont marqué la trajectoire historique de la race humaine. On ne me considère pas un penseur de calibre. Qui je suis ou ce que je suis dans cette partie du monde importe peu. Ce que je pense ou ce que j'ai à dire à propos de ma souffrance n'a aucune valeur.

Ils ne m'ont pas non plus chargé de parler au nom de ceux qui vivent des moments terribles en Amérique. Cependant, je ne peux pas empêcher à mon cœur de se plaindre. Je ne peux pas étrangler mon âme. Ainsi, je vis en agonie ici.

Oui, je ne suis rien en Amérique. Je suis un immigré haïtien sans voix et sans paroles. Je ne mérite pas de la justice pour contrecarrer les injustices qu'ils m'ont faites. Je ne mérite pas de la compassion. En réalité, je n'existe pas. Je suis le néant en Amérique.

Je sais assez pour comprendre que la grandeur humaine ne réside pas dans le lieu où une personne vit. Elle ne reflète pas l'endroit ou le lieu où une personne a vu le jour où a vécu dans le passé. La grandeur ou l'absence de celle-ci ne coïncide pas au pays d'origine de l'individu.

Je dirais plutôt que la grandeur humaine se trouve au cœur de l'individu. C'est dans l'âme de tout être humain. Si vous voulez renouveler la grandeur de l'Amérique, vous devez d'abord renouveler la grandeur des Américains. Mais pour ce faire, vous devez remettre l'humanité dans leurs cœurs. Vous devez apprendre les Américains à s'aimer de nouveau. Vous devez instruire les Américains la valeur de l'être humain. Cette connaissance semble être oubliée. La grandeur, pour faire écho, vient seulement du cœur. Maintenant, c'est ce qui manque à l'Amérique.

La plupart des Américains n'ont pas le courage de dire les choses comme elles sont. La plupart des Américains n'ont pas le courage de condamner l'inacceptable. La plupart des Américains n'ont pas le courage de dire la vérité à ceux-là qui détiennent le pouvoir.

La plupart des Américains n'ont pas le courage de défendre leur propre idéal. La plupart des Américains ne peuvent pas protéger leur constitution. La plupart des Américains ne peuvent pas se protéger, que ce soit dans leur âme et dans leur corps, que ce soit dans le spirituel ou dans la moralité, que ce soit dans leurs intégrités mentales ou que ce soit dans leurs structures physiques.

La plupart des Américains sont déterminés par leur haine de soi. La plupart des Américains sont prêts à s'entretuer pour un oui ou pour un non. Ça, ce n'est pas de la grandeur en aucune façon.

La plupart des Américains sont perdus dans le désert de leur propre intérêt. La plupart des Américains n'ont pas le courage de dénoncer le mal qui imprègne leur société. La plupart des Américains n'ont pas le courage de se tenir debout, « la tête altière et haut les fronts », dans le monde. La plupart des Américains n'ont pas le courage d'adhérer à un sens de restreinte et de contrainte. La plupart des Américains n'ont pas le courage de réfuter le réfutable. Ce ne sont pas des signes de grandeur.

Il ne peut avoir de grandeur dans cette société. Tout me parait démodé et rétrogradé. C'est comme si l'on vivait dans un monde archaïque avec des idées bafouées dans l'antiquité. C'est une société arriérée, tout simplement.

Quand je vous vois traiter les êtres humains comme s'ils étaient des excréments, et même quand vous savez très bien que vous êtes peut-être responsable de la raison pour laquelle ils ont quitté leur maison, délaisser leur pays et abdiquer leur patrie, je sais que vous ne savez pas [ou peut-être, vous ne pouvez pas vous rendre compte que la couleur de la peau d'un individu] ne définit pas son humanité. Quand vous dénigrez les immigrants pour un oui ou pour un non, je sais que vous ne savez pas ou [peut-être] vous ne pouvez pas vous rendre compte que le pays de naissance, notamment la lignée de sang d'une personne, ne définit pas son humanité. Nous sommes des êtres humains avant tout. Il faut être un être humain avant que vous puissiez devenir un grand homme.

La grandeur commence quelque part. En général, elle vient du cœur. La grandeur est innée.

La grandeur n'est pas un badge ou un gadget. La grandeur n'est pas un mot qu'on ne prononce rien que pour inciter les gens à la violence. La grandeur n'est pas un refrain qu'on fredonne pour réveiller la haine dans le cœur de ceux-là qui sont perdus dans leur monde. La grandeur n'est pas un état passager. Quand on est grand, on y reste toujours.

La grandeur c'est quelque chose d'intrinsèque. La grandeur est innée chez l'homme. Dans son sens le plus simpliste, la grandeur est une manière d'être qu'on ne peut pas faire ou défaire.

La grandeur est un ajout à un état d'être qui est déjà à un niveau de perfection inégalé. La grandeur n'est pas un slogan, qui vous rend fiers au-delà de vous sentir fiers de soi et des autres. La grandeur n'est pas juste un mot qu'on ne dit rien que pour susciter de la crainte dans le cœur de ceux-là que l'on considère comme des gens indignes d'y être exposés.

Je le répète, je ne vais pas explorer la question de la race dans ce court libellé. J'ai abordé ces notions dans plusieurs de mes autres travaux, bien qu'ils soient censurés pour une raison X ou Y. Si vous souhaitez savoir plus sur ces idées, vous pouvez trouver ces travaux sur mon site internet.[4]

---

[4] www.benwoodjbooks.com

CHAPITRE V

UNE INSULTE POPULAIRE

L a remarque sans saveur du Président Donald Trump sur les quatre femmes de couleur siégeant dans le Congrès américain a une longue histoire. C'est une invective sans équivoque. Mais c'est aussi une façon d'insulter les immigrants en Amérique.

Dire à un immigrant de retourner d'où il vient est une avanie incontournable, et ceci à de nombreux niveaux. Moi, je connais ce sentiment d'insolence de première main. Dans de nombreuses occasions, on m'a dit de retourner d'où je viens.

À chaque fois que j'entends ces mots, je recule dans mon être. À chaque fois que j'entends ces mots, j'ai un sentiment d'infériorité qui enlève mon sens de soi. À chaque fois que j'entends ces mots, je suis désorienté. À chaque fois que j'entends ces mots, je me sens perdu.

À chaque fois qu'on me dit de retourner d'où je viens, je me sens rejeté. À chaque fois qu'on me dit de rebrousser chemin, que ce soit de manière implicite ou explicite, je me sens indésirable. À chaque fois qu'on me dit de retourner d'où je viens, je me sens sans valeur.

Quelle est la raison pour laquelle je n'ai pas quitté l'Amérique, vous vous demanderiez peut-être. Pourquoi suis-je encore dans ce pays qui me considère comme un vaurien, vous pourriez me demander ? La réponse est simple. Je n'ai pas vraiment le choix. Je n'ai pas un endroit où aller.

Oui, j'aimerais retourner chez moi. Oui, j'aimerais retracer mon chemin et revenir à l'endroit où je suis né. Oui, je voudrais retourner dans mon pays natal. Mais je dois survivre. Pour l'instant, survivre chez moi est un défi.

Mon pays se trouve dans un terrible état. Ceux qui y sont déjà établis rêvent de le quitter à tout moment. Retourner chez moi dans ces conditions ne me ferait pas du bien. Il ne ferait pas du bien au pays non plus. Mais ma réalité n'est pas aussi bizarre que vous puissiez l'imaginer.

De nombreux immigrants ne peuvent pas retourner dans leur pays d'origine. Pour la plupart, il n'y a pas un lieu pour y retourner.

Ce sont des réfugiés de guerres ou ce sont des gens qui ont pris refuge dans d'autres pays à cause des atrocités inégalées commises contre eux ou contre les membres de leur famille. Dans des cas similaires, retourner chez soi est presque impossible. Ces gens-là sont bloqués en Amérique. L'aspect le plus frappant de tout cela c'est quand on se rend compte que chez soi a été détruits par les politiques économiques des Américains.

D'autres pays sont affectés par les politiques étrangères des politiciens bellicistes, des avides d'affaires, et des charognards capitalistes. Que vous le vouliez ou non, l'immigration c'est un fait néfaste des effets de la politique américaine dans le monde. La majorité des immigrants sont à la recherche d'une vie meilleure en Amérique. Ça, ce sont les effets non intentionnels, peut être intentionnel aussi, de la *doctrine de Monroe*.[5]

Sans doute, la vague d'immigrants qui cherchent à immigrer aux États-Unis est le résultat des actions entreprirent par les Américains dans leur pays d'origine. Les immigrants qui cherchent à traverser la

---

[5] La doctrine Monroe est l'idée que les États-Unis ne toléreraient pas une colonisation ou des monarques fantoches dans l'hémisphère occidental. The Editors of Encyclopaedia Britannica, "Monroe Doctrine: History, Elements, & Facts", Encyclopedia Britannica, 26 octobre 2018, https://www.britannica.com/event/Monroe-Doctrine; The Editors of Encyclopaedia Britannica, "Monroe Doctrine", Encyclopedia Britannica, le 23 janvier 2020, https://www.britannica.com/event/Monroe-Doctrine; Office of the Historian, Bureau of Public Affairs y United States Department of State, "James Monroe - People - Department History - Office of the Historian", Consulté le 8 mars 2017, https://history.state.gov/departmenthistory/people/monroe-james; Our Documents, "Our Documents - Monroe Doctrine (1823)", Récupéré le 22 novembre 2018, https://www.ourdocuments.gov/doc.php?flash=true&doc=23; Frank Fletcher Stephens, "Full text of 'The Monroe doctrine, its origin, development and recent interpretation'", *archive.org*, Social Sciences Séries, 17, numéro 5 (février 1916), https://www.archive.org/stream/monroedoctrineit00steprich/monroedoctrineit00steprich_djvu.txt

frontière sud des États-Unis sont les effets de l'impérialisme américain dans le monde, plus particulièrement dans l'Amérique latine et les Caraïbes. Dire à un immigrant de retourner dans un pays déchiré par la guerre, un endroit séquestré par la pauvreté, un milieu consumé par la violence politique ou envenimé par une iniquité sociale, qui, dans de nombreux cas, est le résultat de la politique économique américaine ou sa politique étrangère, c'est une insulte incontournable par-dessus les exactions de celle-ci à travers le monde.

Oui, j'aimerais retourner dans mon pays de naissance. Mais il est triste de se rendre compte que l'Amérique a beaucoup à voir avec la situation putride qui sévit chez soi. Il est triste de constater que l'Amérique n'a pas cessé d'enfreindre la liberté individuelle et la démocratie dans le monde. Il est triste de constater que l'Amérique n'a pas amélioré la qualité de vie pour la plupart des gens dans le monde. C'est pourquoi l'Amérique est le seul endroit où je puisse être maintenant. À ce stade, je n'ai pas d'endroits où aller.

Pendant des années, le gouvernement américain a joué un rôle important dans la situation politique dans mon pays. Le gouvernement américain a appuyé les régimes despotiques les plus redoutables dans ma patrie. Les Américains n'ont pas tenu compte des besoins du peuple haïtien. Ils ne se soucient guère du bien-être des Haïtiens, et ceci quand cela convient à leurs propres intérêts.

Le gouvernement américain a appuyé les régimes politiques les plus corrompus en Haïti. Les Américains n'ont pas tenu compte de l'état de droit des Haïtiens, et ceci quand cela leur convient. Le gouvernement américain a mené une campagne économique néolibérale dans mon pays. Celui-ci a eu un effet dévastateur et même préjudiciable dans l'ensemble du pays. Le gouvernement américain a rendu impossible l'existence des Haïtiens chez eux. Les jeunes comme moi ne peuvent plus vivre dans notre chère patrie. Le gouvernement américain a soutenu l'immoralité sans détour dans notre pays bienaimé.

Oh, non, non, non… ne me demandez pas de retourner là d'où je viens. Vous avez détruit ce lieu. Vous avez détruit mon pays. Vous avez détruit ma patrie. Vous avez détruit la mémoire de mes ancêtres.

Par conséquent, je n'ai pas le choix, mais d'être chez vous. Par conséquent, je n'ai pas le choix, mais de venir croupir dans la merde chez vous. Par conséquent, je n'ai pas le choix, mais de rester en Amérique jusqu'à ce que vous me bottiez avec les pieds nus. C'est peut-être ça ma plus grande tragédie.

Que puis-je faire ? Que dois-je faire ? Je suis l'esclave de mon milieu. Je suis un damné dans ce milieu dévergondé. Je suis emmuré dans ce coin du monde. Je suis cloitré dans un milieu nocif pour mon être.

CHAPITRE VI

À LA RECHERCHE D'UNE VIE DÉCENTE

Selon un dicton populaire, "avoir le plein pouvoir incite aussi de grandes responsabilités." Je dirais tout de même que l'acquisition du pouvoir, sous toute forme, nécessite aussi que le détenteur de celui-ci comprenne le dénouement du pouvoir dans son ensemble. Celui qui détient le pouvoir doit comprendre qu'il a aussi des responsabilités envers ceux-là qui subissent les méfaits de ce pouvoir.

Depuis plusieurs siècles maintenant, les Américains sont à la recherche de grandeur. Cependant, ils confondent l'aristocratie avec la supériorité physique. Ils confondent la force avec la bravoure. Ils confondent l'honneur avec l'intégrité morale ou l'absence de celle-ci. Ils confondent la dialectique des armes avec l'arme de la dialectique.

La grandeur est beaucoup plus profonde que de détenir le pouvoir d'aliéner les autres que ce soit sur le plan physique ou sur le plan économique. L'incapacité d'avoir de la compassion pour la souffrance d'autrui peut faire d'un géant un petit rien. L'incapacité de reconnaitre son humanité est peut-être la preuve irréfutable de sa bestialité.

L'humilité c'est l'essence de la grandeur. C'est ainsi chez tout être vivant. Mais c'est précisément ce que les Américains manquent dans leur être.

Il est vrai que les Américains sont très puissants. À présent, beaucoup de gens considèrent l'Amérique comme le pays le plus puissant au monde. Mais les Américains ne semblent pas comprendre les effets de leur force dans le monde.

Dans le but d'acquérir plus de pouvoir, les Américains ont foulé à leurs pieds les droits d'autant de peuples à travers le monde. Ils ont abandonné leurs propres idéaux. Ils ont détruit des gens décents qui ne demandent que le droit de vivre. Pourtant, ces peuples, malgré leurs affronts, ont immigré aux États-Unis. Mais ils l'ont fait dans l'espoir de trouver une vie meilleure.

En dépit de ce que certains fauteurs de troubles veulent vous faire croire, ces gens-là aiment l'Amérique. Ils veulent tous y appartenir. Ils ne détestent pas le mode de vie américain. En fait, ils veulent un morceau de cette vie.

Quand ils arrivent ici, ils n'ont pas de rancune à l'égard des Américains. Tout ce qu'ils veulent, c'est l'opportunité de vivre une vie décente et avec pudeur. Depuis des années, cette possibilité a été accordée à de nombreux immigrants. Depuis 2001, cependant, cet aspect de l'Amérique ne fait que disparaitre. Cette réalité s'est empirée en 2008, avec l'élection de Barak Obama.

Aujourd'hui, l'Amérique est comme un labyrinthe. Ceux qui sont assez chanceux pour trouver un moyen pour survivre doivent travailler très dur. Mais ceux qui, comme moi, ne sont pas dignes de vivre le rêve américain vivent dans un cauchemar en plein jour. Nous sommes coincés dans un lieu qui était censé être un lieur d'espoir.

Pour les gens comme moi, nous n'avons pas besoin d'un vieil homme grincheux comme le président Donald Trump, pour nous dire qu'il est temps de retourner d'où nous venons. Si les conditions étaient réunies, ce serait un plaisir pour nous de retourner chez nous, car l'Amérique, dans son présent état, est une société [ou un empire, en fonction de la façon dont vous le regardez] en déclin. Mais pour beaucoup d'entre nous, je dois le concéder aussi, nous sommes coincés ici.

Certains d'entre nous ont de la famille ici. Certains d'entre nous avaient construit notre vie ici. Nous avions essayé de faire partie de notre communauté. Nous voulons faire partir de l'Amérique. Nous dire de retourner d'où nous venons est une insulte par-dessus tout. Cela signifie que nous sommes forcés de vivre dans un lieu qui n'a aucun intérêt en nous. Malheureusement, je dois l'admettre, cela n'a pas toujours été ainsi.

Il fut un temps où l'Amérique valorisait son peuple. Il fut un temps où l'Amérique était le phare de la démocratie dans le monde. Il fut un temps où l'Amérique était un pionnier de la liberté. Il fut un temps où l'Amérique était sur le chemin d'une grandeur inégalée dans l'histoire de l'humanité.

Oui, les questions de race ont toujours été un problème de taille. Le racisme a toujours essayé de prendre pied dans la société américaine. Les personnes ayant des tendances racistes ont toujours voulu prendre le contrôle du discours social. Mais le peuple américain s'était toujours opposé à de tels agissements. La plupart des Américains avaient toujours ouvré pour protéger et même renforcer la dignité humaine. Ils avaient toujours adhéré au respect des droits de l'homme.

Cette adhésion à la dignité humaine nous a donné l'acte des droits civils de 1964.[6] Cette

---

[6] Loi sur les droits civils de 1964. History com Editors, « Civil Rights Act of 1964 », History.com, 4 janvier 2010,

adhésion à la pluralité de l'Amérique avait mené à une période de prospérité sans pareille. Dans les yeux d'un si grand nombre, l'Amérique était grande. Pour de nombreuses familles d'immigrants, être en Amérique était un rêve devenu une réalité.

Si vous aviez quelque chose à offrir au monde, l'Amérique était le lieu de le faire. L'Amérique avait besoin de vous. De nos jours, cependant, l'Amérique n'a pas besoin de vous. L'Amérique n'a besoin de personne. L'Amérique est sur la voie de l'autodestruction.

La question qui est de mise est la suivante. Est-ce que l'Amérique pourrait être grande de nouveau, et ceci sans ceux-là qui avaient rendu cette grandeur possible en premier lieu (c'est-à-dire, les immigrants eux-mêmes) ? Est-ce que l'Amérique pourrait

https://www.history.com/topics/black-history/civil-rights-act.

avoir une place de choix dans le panthéon des grandes nations ou des grands empires ? La réponse, malheureusement, je dois dire, est non.

Une autre question pertinente à se poser est la suivante. Pourrions-nous imaginer une Amérique où les immigrants pourraient, à un moment, emballer leur vie dans une valise et retourner d'où ils viennent ? La réponse est certainement dans le négatif. Sans les immigrants, l'Amérique ne connaitra point le progrès. Ce n'est pas le contraire.

CONCLUSION

L'AMÉRIQUE, J'AIMERAIS vous conseiller d'être prudents. Le chemin de l'histoire est plein de gens qui vous jugeront à tout bout de champ. Il est aussi rempli de moments d'inavouables effectués par des royaumes les plus prestigieux qui avaient parcouru la planète. Pourtant, ces empires ne sont plus aujourd'hui. Ces petits-fils, pour la plupart, vivent dans la honte.

Je ne suis pas sûr que le peuple américain, ou du moins dans son ensemble, voudrait emprunter une telle voie. Je ne pense pas que les gens de bien de l'Amérique voudraient être associés aux malices d'une génération aveuglée par la haine et la méchanceté. Je suis convaincu que les Américains, particulièrement les générations futures, ne voudraient pas porter un tel fardeau.

Pour de nombreux immigrants qui se trouvent en Amérique aujourd'hui, leur sort en est jeté. Je ne suis pas sûr que l'Amérique aille pouvoir inverser la malédiction de la haine, qui semble avoir submergé le pays dans son intégralité. L'Amérique est en route vers l'inhalation. Je ne suis pas sûr que les choses aillent pouvoir devenir la façon dont elles ont été. L'Amérique est probablement perdue à jamais.

Quant à moi, je suis perdu dans la mêlée sociale américaine. Mais pourrais-je ou du moins est-ce que je voudrais retourner un jour chez moi ? La réponse est oui. Je l'aimerais beaucoup. Le problème c'est que l'Amérique est aussi chez moi.

Peu importe où je vais, j'aurais toujours besoin de revenir en Amérique. Par conséquent, j'ai toutes les raisons de voir l'Amérique devenir une grande nation dans toute sa splendeur. Cela étant dit, je reconnais que je ne pourrais jamais faire partie de l'Amérique si les Américains ne veulent pas de moi. Dans ce cas-là, je dirais avec véhémence que l'Amérique ne sera jamais aussi grande qu'elle pourra l'imaginer. L'Amérique ne retrouverait jamais sa grandeur [supposée] perdue, ou du moins si l'exclusion sociale devenait sa devise ou sa boussole.

À PROPOS DE L'AUTEUR

BEN WOOD JOHNSON, PH.D.

Le Dr Ben Wood Johnson est un observateur social. Il est un chercheur multidisciplinaire. Il écrit sur la philosophie, la théorie juridique, la politique publique et étrangère, l'éducation, la politique, l'éthique, les affaires de race et le crime.

Le Dr Johnson est diplômé de l'Université de Pennsylvanie et de l'Université de Villanova. Il est titulaire d'un doctorat en leadership éducatif, d'une maitrise en science politique, d'une maitrise en administration publique et d'un baccalauréat en justice pénale.

Le Dr Johnson a travaillé comme agent de police et dans d'autres aspects dans le domaine du maintien de l'ordre. Il est un ancien élève du Collège John Jay de justice pénale.

Le Dr Johnson parle couramment plusieurs langues, y compris, mais sans s'y limiter, le français, l'espagnol, le portugais et l'italien. Le Dr Johnson aime la lecture, la poésie, la peinture et la musique. Vous pouvez contacter le Dr Johnson en utilisant les informations ci-dessous.

AUTRES INFO

Utilisez les informations présentées ci-dessous pour contacter l'auteur.

Adresse

Eduka Solutions
330 W. Main St #214
Middletown, PA 17057

Émail

Email adresse : benwoodjohnson@gmail.com

Réseaux sociaux

Pour savoir plus sur l'auteur, visiter ses profils sur les réseaux sociaux. Pour savoir plus sur ses travaux, accédez aux plateformes de médias sociaux suivantes.

Twitter : @benwoodpost

Facebook : @benwoodpost

Blog : www.benwoodpost.com

Site web : www.drbenwoodjohnson.com

Librairie : www.benwoodjbooks.com

AUTRES PUBLICATIONS

Autres livres par Ben Wood Johnson

1. Racism: What is it?
2. Sartrean Ethics: A Defense of Jean-Paul Sartre as a Moral Philosopher
3. Jean-Paul Sartre and Morality: A Legacy Under Attack
4. Sartre Lives On
5. Forced Out of Vietnam: A Policy Analysis of the Fall of Saigon
6. Natural Law: Morality and Obedience

7. Cogito Ergo Philosophus

8. Le Racisme et le Socialisme : La Discrimination Raciale dans un Milieu Capitaliste

9. International Law: The Rise of Russia as a Global Threat

10. Citizen Obedience: The Nature of Legal Obligation

11. Jean-Jacques Rousseau: A Collection of Short Essays

12. Être Noir: Quel Malheur!

13. L'homme et le Racisme : Être Responsable de vos Actions et Omissions

14. Pennsylvania Inspired Leadership : A Roadmap for American Educators

15. Adult Education in America: A Policy Assessment of Adult Learning

16. Striving to Survive: The Human Migration Story

17. Postcolonial Africa: Three Comparative Essays about the African State

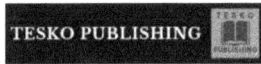

TESKO PUBLISHING

Références

Vous pouvez trouver d'autres travaux par le Dr Ben Wood Johnson en visitant son blog.

MY EDUKA SOLUTIONS

www.benwoodpost.com

TESKO PUBLISHING
An independent publishing house

www.teskopublishing.com

Laissé vide

www.ingramcontent.com/pod-product-compliance
Lightning Source LLC
Chambersburg PA
CBHW022122280326
41933CB00007B/504

* 9 7 8 1 9 4 8 6 0 0 2 5 5 *